BIRUTA

Os Morcegos

Neide Simões de Mattos
e Suzana Facchini Granato

ILUSTRAÇÕES Rubens Matuck

Revisão Elisa Zanetti e Eugênia Souza
Projeto Gráfico Casa Rex
Coordenação Editorial Elisa Zanetti – Editora Biruta

1ª edição – 2012

Dados Internacionais de Catalogação na Publicação (CIP)
(Câmara Brasileira do Livro, SP, Brasil)

Mattos, Neide Simões de
Os Morcegos / Neide Simões de Mattos
e Suzana Facchini Granato ; ilustrações Rubens Matuck.
-- São Paulo : Biruta, 2012.

ISBN 978-85-7848-103-2

1. Literatura infantojuvenil I. Granato, Suzana
Facchini . II. Matuck, Rubens. III. Título.

12-07125 CDD-028.5

Índices para catálogo sistemático:
1. Literatura infantil 028.5
2. Literatura infantojuvenil 028.5

Edição em conformidade com o acordo ortográfico
da língua portuguesa.

Rua Coronel José Euzébio, 95 – Vila Casa 100-5
Higienópolis – CEP 01239-030
São Paulo – SP – Brasil
Tel: (11) 3081-5739 Fax: (11) 3081-5741
E-mail: biruta@editorabiruta.com.br
Site: www.editorabiruta.com.br

Os morcegos são os únicos mamíferos voadores e vivem, geralmente, em grandes bandos.

Muitas espécies são migratórias e se deslocam em busca de alimento ou para se reproduzirem.

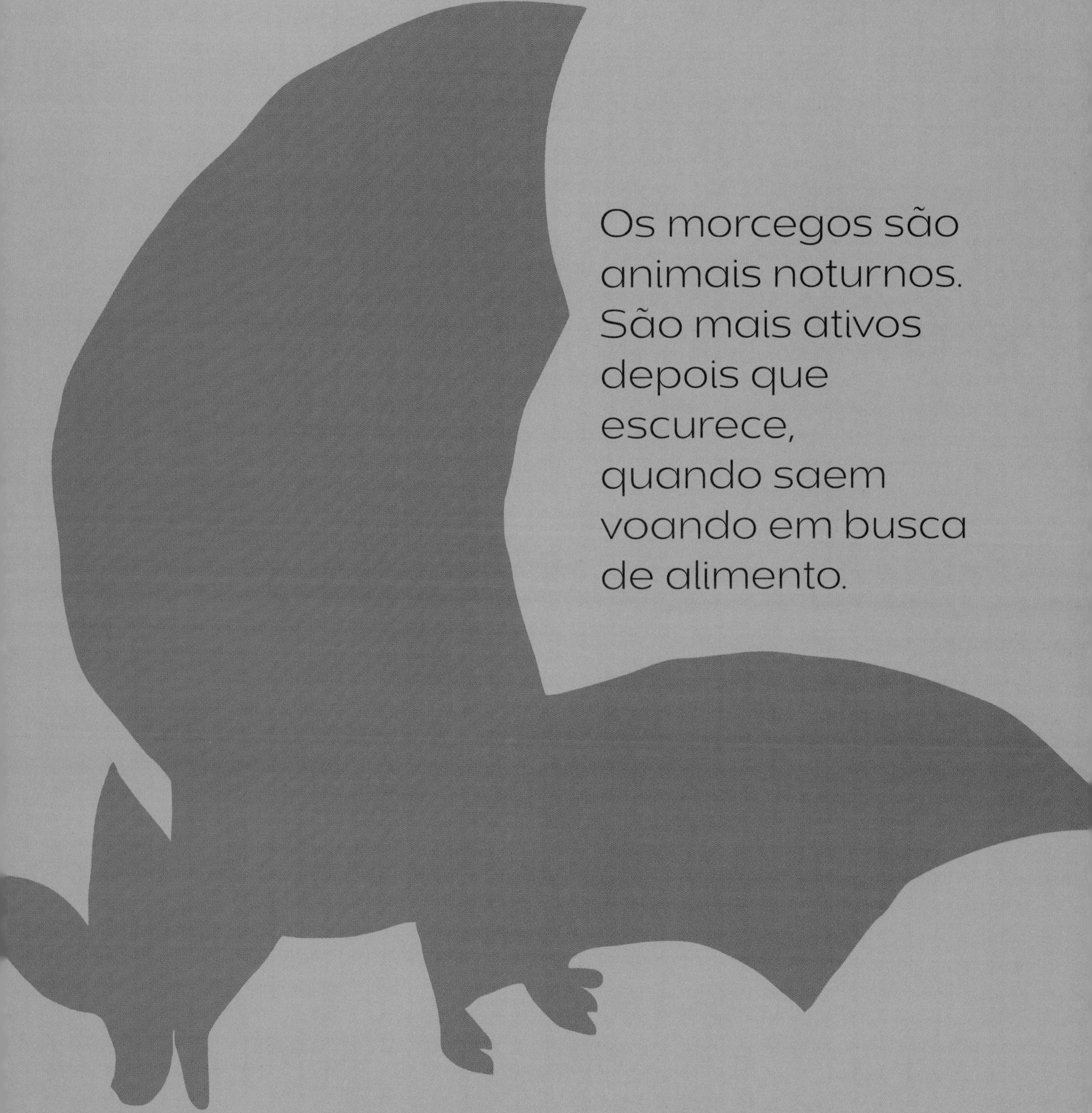

Os morcegos são animais noturnos. São mais ativos depois que escurece, quando saem voando em busca de alimento.

Durante o dia eles
dormem escondidos
em cavernas, fendas
de rochas, copas
de árvores ou
troncos ocos.

Eles dormem
pendurados,
de cabeça para
baixo, agarrados
com as patas
traseiras em
qualquer saliência.

Nas cidades, os
morcegos podem
ser encontrados
debaixo dos
telhados de
construções
abandonadas.

Características como o tamanho das asas, o tipo de alimento e a coloração do pelo permitem identificar as diferentes espécies de morcegos.

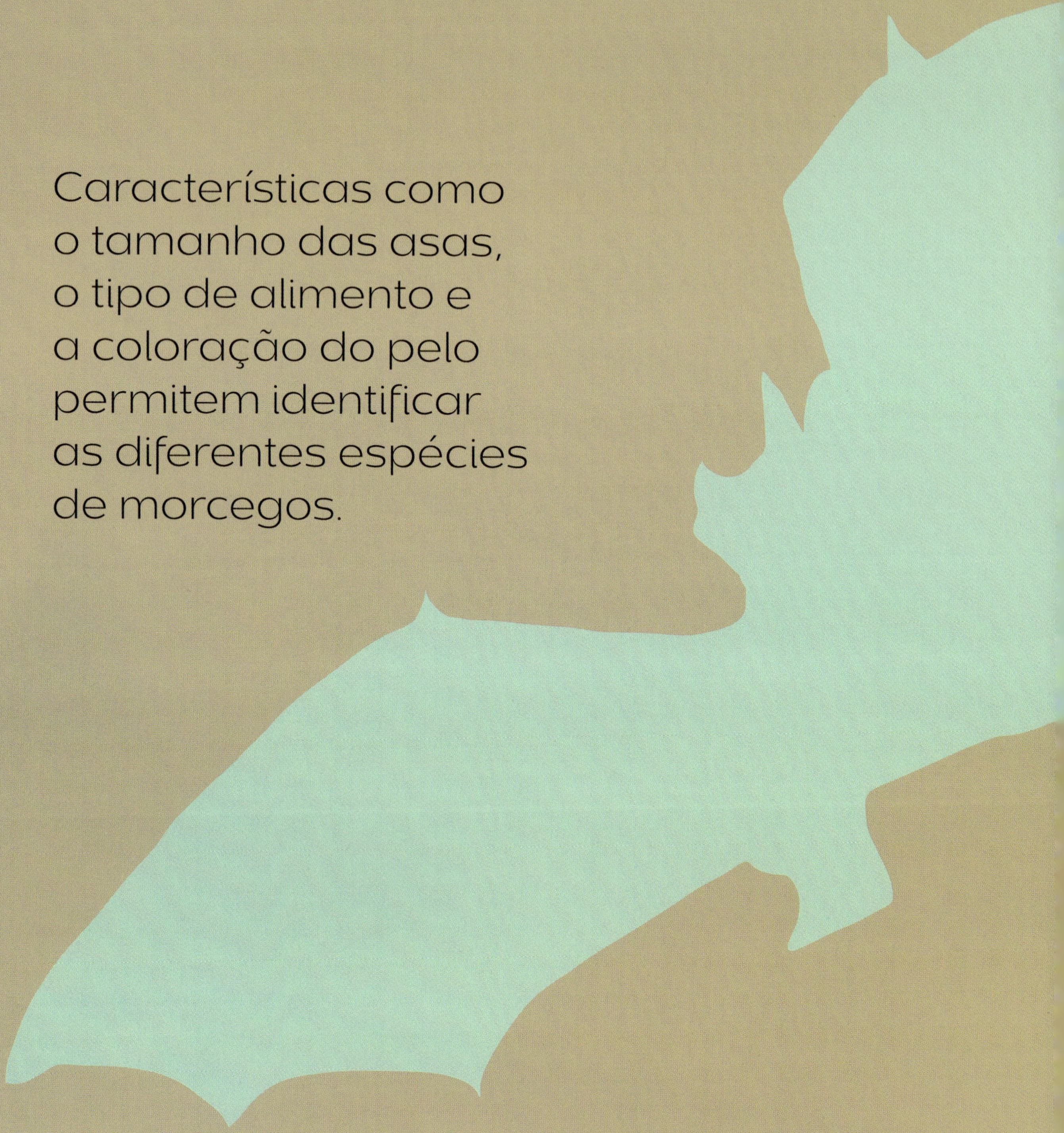

Todas as espécies
têm asas bem maiores
que o corpo, e a cor do
pelo varia do preto ao
castanho-amarelado
ou avermelhado.

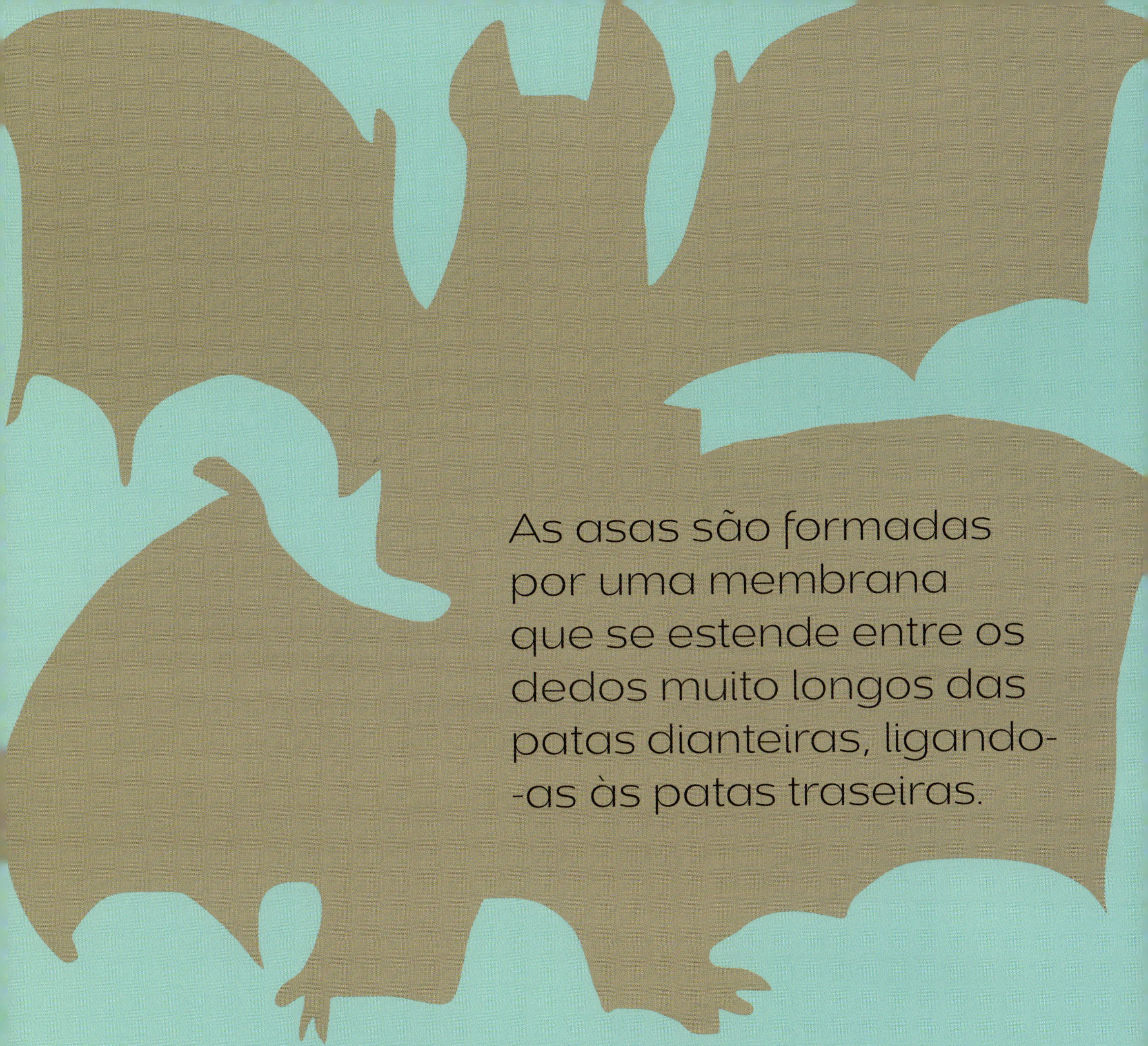

As asas são formadas por uma membrana que se estende entre os dedos muito longos das patas dianteiras, ligando--as às patas traseiras.

As asas dos morcegos
são bastante diferentes
das asas das aves,
mas muito eficientes.

Quanto à alimentação, esses animais dividem-se em comedores de insetos (insetívoros), de frutas (frugívoros), de pólen (poliníf agos) e de néctar das flores (nectarívoros).

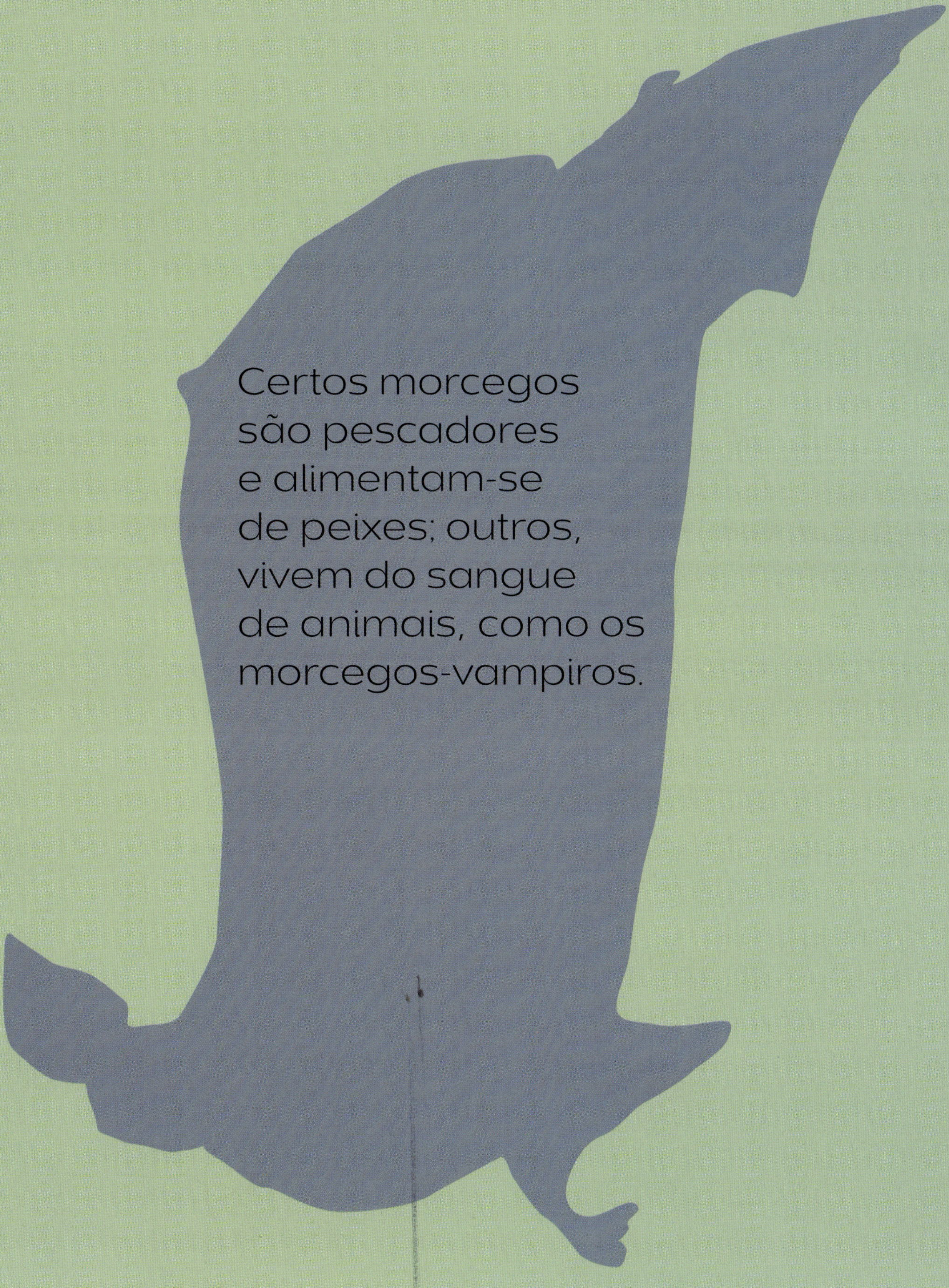

Certos morcegos
são pescadores
e alimentam-se
de peixes; outros,
vivem do sangue
de animais, como os
morcegos-vampiros.

Os morcegos são
hábeis em se livrar
de obstáculos,
voando em plena
escuridão e
emitindo sons
agudíssimos,
os ultrassons.

As orelhas grandes
e móveis desses
animais captam
os ultrassons,
que voltam na forma
de eco quando
atingem obstáculos.

Os machos
também usam
os ultrassons
para atrair as
fêmeas na época
do acasalamento.

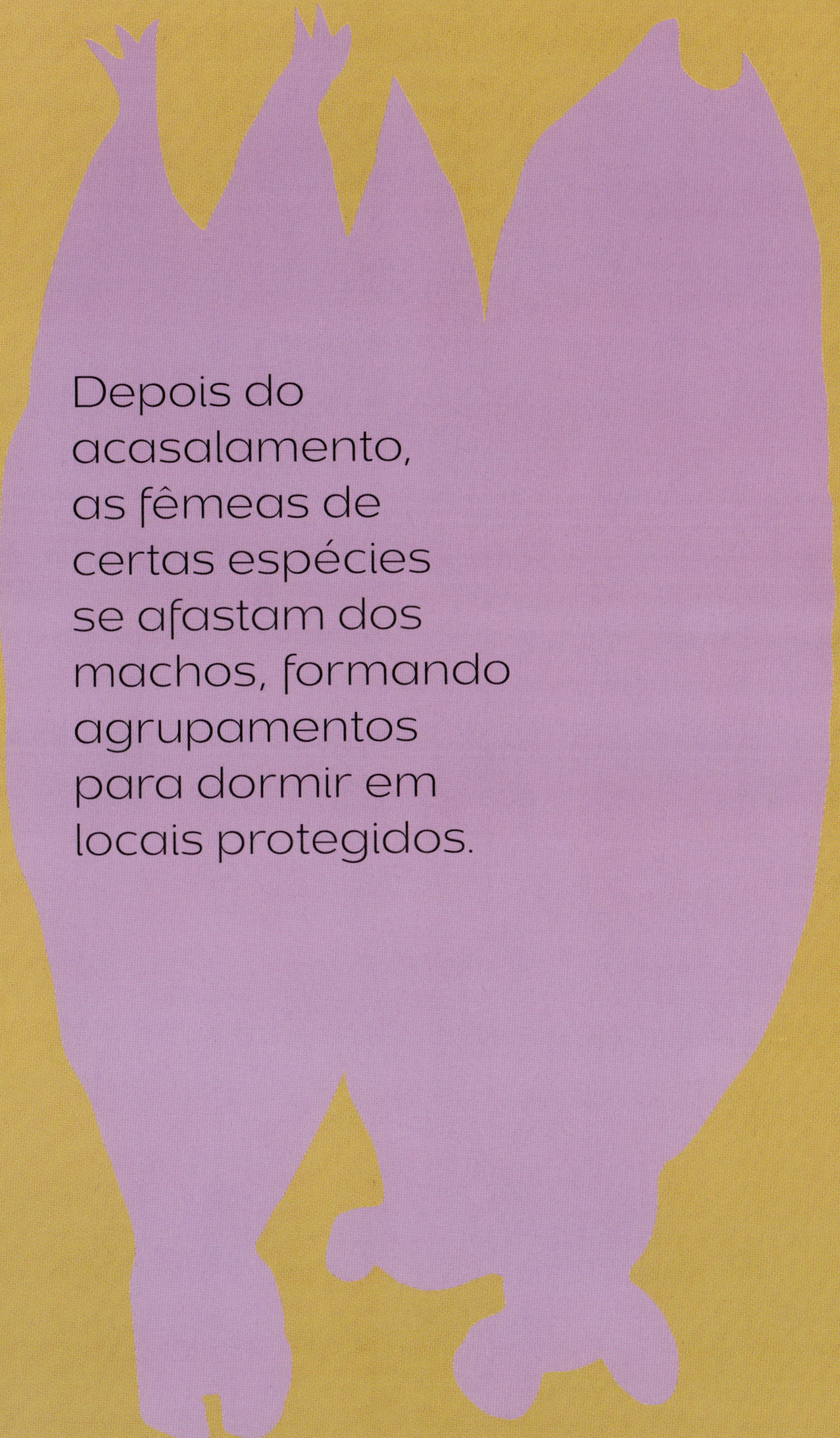

Depois do acasalamento, as fêmeas de certas espécies se afastam dos machos, formando agrupamentos para dormir em locais protegidos.

O período de gestação ou prenhez pode durar de 2 a 7 meses, conforme a espécie.

Nasce apenas
um filhote a cada
gestação, sendo raro
o nascimento de dois
morceguinhos gêmeos.

Os morcegos
têm papel
fundamental
no equilíbrio
da natureza

Os insetívoros
ajudam a
reduzir pragas
das plantas;
os frugívoros
espalham
sementes,
e os polinífagos
e nectarívoros
agem como
polinizadores.

Pela importante função que desempenham na natureza, esses animais admiráveis merecem nosso respeito e proteção.

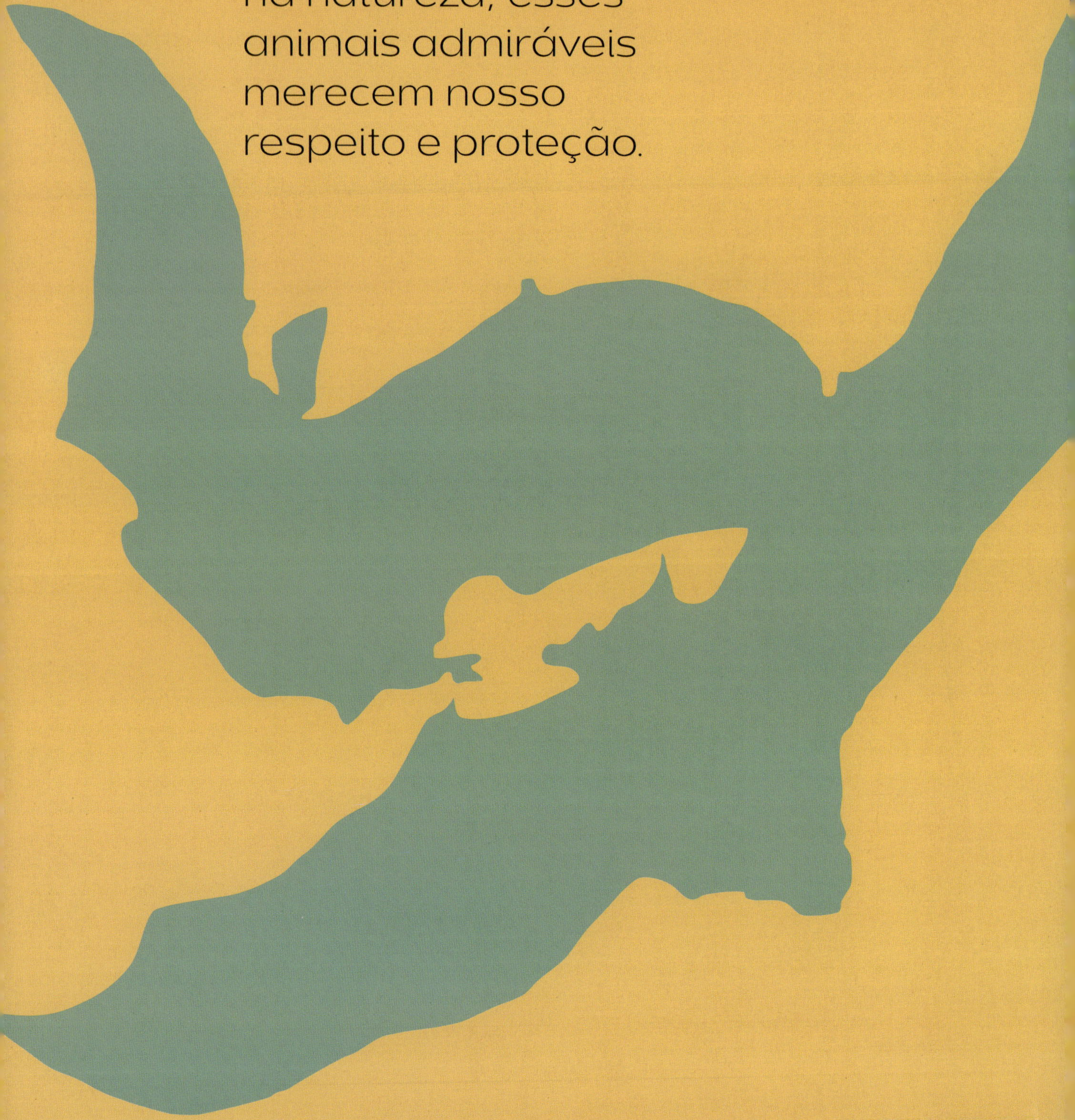

Suzana Facchini Granato nasceu em São Paulo, em 1959. É bióloga formada pelo Instituto de Biociências da Universidade de São Paulo (USP) e, desde 1979, trabalha como professora de Biologia e educadora ambiental. Há mais de 30 anos leva alunos e amigos para lugares do Brasil onde a natureza é a grande atração – Amazônia, Chapada dos Veadeiros, Chapada Diamantina, Chapada dos Guimarães, Ilha Grande, Paraty, Abrolhos e PETAR. Suzana começou a escrever paradidáticos em 1991 e é autora de mais de 20 livros.

Neide Simões de Mattos nasceu em São Joaquim da Barra, São Paulo, em 1936. Desde criança dizia que queria estudar Biologia, pois se encantava com os animais e com as plantas. Formou-se em Ciências Biológicas pela USP e, durante 30 anos, lecionou Ciências e Biologia. Sempre valorizou as aulas práticas e as excursões para estudo do meio ambiente. Desde a década de 1980 escreve livros didáticos e paradidáticos. Atualmente aposentada, continua escrevendo, para passar às novas gerações o que constitui seu maior interesse: o prazer da observação da natureza.

Rubens Matuck é ilustrador, artista plástico e escritor. Publicou pela Editora Biruta os títulos da série "Natureza Brasileira", sobre animais em extinção, e títulos sobre os ecossistemas brasileiros. Matuck recebeu, entre outros prêmios, o Jabuti de Melhor Ilustração de Livro Infantil (1993), o prêmio do Salon Du Livre de Jeunesse (Paris, 1992) e o selo Altamente Recomendável (FNLIJ, 2004).